Die Autoren

Prof./UCN Nandana Nielsen, Präsidentin der International Association of Coaching Institutes (ICI) und Prof./UCN Karl Nielsen, Präsident der International Association of NLP Institutes (IN) haben das vorliegende Buch entwickelt.

Aktuell haben **ICI www.Coaching-Institutes.net** und **IN www.NLP-Institutes.net** über 10.000 Mitglieder aus 99 Ländern. Werde Mitglied bei 10.000+ Experten!

Einleitung

Im NLP wurden viele hervorragende Interventionen als Schritt-für-Schritt-Anleitungen entwickelt. Die wichtigsten und wirkungsvollsten **NLP-Grundideen (#5 bis #6)**, **NLP-Fertigkeiten (#7 bis #16)** und **NLP-Interventionen (#17 bis #50)** aus dem Bereich: „NLP-Practitioner" sind in diesem Buch zusammen gestellt. Dieses Buch ersetzt keine NLP-Ausbildung – es soll vielmehr darauf neugierig machen und Ihnen erste Schritte in der Nutzung von NLP ermöglichen.

Was ist NLP?

NLP steht für Neuro-Linguistisches Programmieren. Es ist eine Methodensammlung für professionelle Kommunikationskultur. Sowohl für verständnisorientierte intrapersonale Kommunikation, als auch für empfängerorientierte interpersonelle Kommunikation. Die Erfinder sind Dr. Richard Bandler, Prof. Dr. John Grinder, Leslie Cameron-Bandler, Judith DeLozier und Robert Dilts.

Die erste Phase der Entwicklung von NLP fand in den Jahren 1972 bis 1978 an der Universität von Kalifornien in Santa Cruz statt. Die NLP-Erfinder modellierten damals: Dr. med. Fritz Perls (Psychoanalytiker, Begründer der Gestalttherapie), Dr. Virginia Satir (Begründerin der Familientherapie) und Prof. Dr. med. Milton Erickson (Hypnotherapie) auf dem Hintergrund der wissenschaftlichen Arbeiten von William James (Wahrnehmungspsychologie), Alfred Korzybski (Allgemeine Semantik), Gregory Bateson (Systemtheorie), Albert Bandura (Lerntheorie) und Noam Chomsky (Linguistik).

In den Phasen des NLP nach 1978 erforschen und modellieren NLPler erfolgreiche Kommunikatoren aus vielen Lebensbereichen wie zum Beispiel Business, Psychotherapie, Sport, Wissensvermittlung, Erziehung, Kommunikation, Teamentwicklung oder Coaching.

Aus den Ergebnissen entwickeln sie NLP-Methoden, die als Schritt-für-Schritt-Anleitungen anderen Menschen helfen, die Fähigkeiten besonders erfolgreicher Menschen selbst zu trainieren und ihre eigene Besonderheit zu entdecken.

Inhalt

#23 intelligenter Umgang mit Kritik
#24 Kreis der persönlichen Exzellenz
#25 Erfolgsanker mit TIGER
#26 Anker verschmelzen
#27 Visual Squash
#28 Change History
#29 Kontextreframing
#30 Six-Step-Reframing
#31 Submodalitätentransfer
#32 Praline-Format
#33 Swish
#34 Fast Phobia Cure
#35-38 Meta-Modelle
#40-42 Milton-Modelle
#43 TimeLine erforschen und verändern
#44 Boden-TimeLine für gute Erfahrungen
#45 Schätze aus der Vergangenheit für ein Ziel
#46 Disney Strategie
#47 Eye-Movement-Integration
#48 Die besten Momente im Leben modellieren
#49 Metaphern-Interventionen
#50 Metapherngeschichten

Grundideen (NLP-Axiome)

Die NLP Grundeinstellungen sind in NLP-Axiomen zusammengefasst. Diese Axiome sind keine Wahrheiten, sondern Erfolgsorientierungen. Sie sind die Grundlagen aller NLP-Interventionen. Hier die fünf wichtigsten:

1. **Die Landkarte ist nicht das Gebiet:** Menschen reagieren auf ihre Vorstellungen von der Realität und diese sind mit NLP veränderbar - dadurch sind die Reaktionen veränderbar.

2. **Hinter jedem Verhalten und Symptom steckt eine positive Absicht:** Jedes Problem enthält mindestens ein Geschenk (Potenzial zur Weiterentwicklung) - damit verändert sich die mentale Suchrichtung, die emotionale Grundstimmung und die Erfolgswahrscheinlichkeit.

3. **Die Bedeutung Ihrer Kommunikation liegt in der Reaktion, die Sie erhalten:** Verändern Sie Ihre Kommunikation so lange bis die Reaktionen in die gewünschte Richtung gehen – das führt vom passiven Problemzustand zu aktiven Handlungsmöglichkeiten.

4. **Alles hängt mit allem zusammen:** Wenn Sie Ihr Denken verändern, verändert das Ihren Gefühlszustand, Ihre Wahrnehmung, Ihre Wortwahl, Ihr Verhalten und Ihre zwischenmenschlichen Beziehungen – dadurch wird Veränderung möglich.

5. **NLP ist systemisch, lösungsorientiert, ressourcenorientiert und ökologisch:** Damit integriert NLP ethisch verantwortungsvoll die Auswirkungen von NLP-Interventionen.

NLP-Inhalte als Weisheiten

In klassischen NLP-Ausbildungsmodulen finden Sie Weisheiten, die durch NLP-Interventionen (#17 bis #50) konkret anwendbar werden.

Selbstmanagement: Bring dich immer zuerst in einen guten Zustand, dann geht vieles viel leichter und manches wie von selbst. Wenn du immer nur das tust, was du schon immer getan hast, dann wirst du höchstens das erreichen, was du schon immer erreicht hast.

Körpersprache: Wenn du einen anderen Menschen verstehen möchtest, dann versetze dich in ihn hinein. Bevor du einen anderen Menschen verurteilst, laufe zuerst eine Meile in seinen Mokassins. Dein Unbewusstes kommentiert permanent emotional alles was du tust.

Ziele & Motivation: Der Weg ist das Ziel.

Ankern/Gefühlsauslöser: Wenn du zum Frieden beitragen möchtest, dann finde zu aller erst den Frieden in dir. Es ist nie zu spät für eine glückliche Kindheit.

Reframing/Umdeuten: Unser Leben ist nicht durch die Ereignisse geprägt, die wir erfahren, sondern durch die Bedeutung, die wir diesen Ereignissen geben.

Submodalitäten: Die Art der mentalen Abspeicherung bestimmt das Erleben und Verhalten. (#31)

Meta- & Milton-Modell: Durch die Art wie Menschen ihre Sätze bilden, können Sie erkennen, wie sie ihre Wahrnehmung beeinflussen.

TimeLine: Zeit ist eine Frage der Entscheidung.

Strategien: Nur eine Vereinigung der inneren mentalen Kräfte führt zu außergewöhnlichen Ergebnissen.

Metaphern: Metaphern verleihen der Seele Flügel.

Wahrnehmung und Interpretation

Wir nehmen mit unseren 5 Sinnen wahr. Bei jeder Aussage sollte immer der Frage nachgegangen werden, ob sie konkret überprüfbare Wahrnehmungen oder schwer überprüfbare Interpretationen enthält.

Schrittfolge in Kleingruppen:

1. A sagt zu B: „Ich nehme bei dir wahr, dass du... (die Mundwinkel hoch ziehst, die Hautfarbe blasser wird, deine Stimme lauter wurde...)". Die anderen achten darauf, dass es sich wirklich um Wahrnehmungen handelt.
2. „Daraus interpretiere ich, dass du... (dich freust, verunsichert bist, Angst hast, ...)". Die anderen achten darauf, dass es sich wirklich um Interpretationen handelt.
3. B sagt zu A: „Und während du das gesagt hast, habe ich bei dir wahrgenommen, dass ..." Die anderen achten darauf, dass es sich wirklich um Wahrnehmungen handelt.

4. „Daraus interpretiere ich, dass …“ Die anderen achten darauf, dass es sich wirklich um Interpretationen handelt.

Das ist endlos möglich und trainiert den Unterschied der einen großen Unterschied macht.

Rapport, Backtrack, Pacen, Leaden

Wir können uns körpersprachlich auf andere Menschen einstellen (Rapport). Dadurch können wir sie besser verstehen, sie fühlen sich besser verstanden und wir können sie unterstützen ihren emotionalen Zustand lösungs- und ressourcenorientiert zu verändern. Hierzu die 7 Schritte:

1. Fassen Sie das, was der andere gerade gesagt hat, kurz zusammen indem Sie dabei besonders das in Worte fassen, was emotional mitschwingt bevor Sie darauf inhaltlich antworten.
2. Gleichen Sie Ihre Sprechgeschwindigkeit, Sprechlautstärke und Tonhöhe Ihrem Gesprächspartner an. Das ist Rapport mit der Aussprache.
3. Nutzen Sie die Körperhaltung Ihres Gesprächspartners (Gesamtkörperhaltung, Arm- und Beinhaltung), indem Sie diese zeitversetzt andeutungsweise nachbilden. Spiegelartig ist der Rapport am stärksten aber auch am auffälligsten.
4. Nutzen Sie die Gestik und Mimik Ihres Gesprächspartners, indem Sie diese beim Backtrack andeutungsweise nachbilden.

5. Nutzen Sie die gleiche Art von Worten wie Ihr Gesprächspartner (#13).
6. Nutzen Sie die Atmung Ihres Gesprächspartners durch leichte Angleichung.
7. Achten Sie darauf, ob kleine Veränderungen in der Art wie Sie sprechen (2.) oder sich bewegen (3., 4., 6.) dazu führen, dass Ihr Gesprächspartner das unbewusst nachmacht. Wenn dieser Rapport besteht, Sie genug gepaced (Körpersprache angepasst) haben, dann könne Sie ihren Gesprächspartner damit in bessere Zustände leaden (führen). Wenn Sie Ihren Zustand wechseln wird er das automatisch mitmachen.

Vom Problem- zum Zielrahmen

Gespräche finden oft im Problemrahmen statt. Wenn man den Unterschied kennt, kann man bewusst und absichtlich in den Zielrahmen wechseln. Dafür lohnt es sich diesen Wechsel gut zu trainieren. Das ist professionelle kommunikative Kompetenz.

Beispielfragen für den üblichen Problemrahmen:

- Worin besteht Ihr Problem?
- Warum haben Sie dieses Problem?
- Wie lange haben Sie das Problem schon?
- Womit hat dieses Problem angefangen?
- Wer ist daran Schuld? Wer noch?
- Was ist das schlimmste Beispiel dafür?
- Worauf wirkt sich dieses Problem aus in Ihrem Leben?
- Welche andere Probleme bringt das mit sich?
- Was empfinden und denken Sie dabei über sich, solche Probleme zu haben?
- Welche Probleme haben Sie sonst noch?

Beispielfragen für den NLP-Zielrahmen:

- Was würden Sie bei dem Thema, über das Sie gerade reden, gerne (positiv) erreichen?

- Wenn Sie das erreicht haben, woran genau würden Sie das erkennen? Woran noch? ...
- Wie fühlen Sie sich, wenn Sie das erreicht haben?
- Welche Ressourcen haben Sie bereits dafür?
- Wo haben Sie so etwas ähnliches schon mal erreicht?
- Was würden Sie noch alles gerne erreichen?

Der Übungsablauf dazu:

1. Fragen Sie Ihr Gegenüber nach einem kleinen Problem.
2. Passen Sie die Beispielfragen für den Problemrahmen etwas dem Gespräch an.
3. Sobald Sie erkennen, dass Ihr Gesprächspartner seine Körpersprache negativ verändert, wechseln Sie zu Zielrahmenfragen.
4. Sobald Sie erkennen, dass Ihr Gesprächspartner seine Körpersprache positiv verändert, wechseln Sie zu Problemrahmenfragen.
5. Wechseln Sie zum Schluss zu Zielrahmenfragen, damit es Ihrem Gesprächspartner gut geht.

Umgang mit Inkongruenzen

Das Unbewusste deines Gesprächspartners ist dein bester Freund. Es kommuniziert mit dir permanent körpersprachlich über alles, was dein Gesprächspartner sagt. Mit Inkongruenzen, das sind körpersprachliche Hinweise, dass etwas anders sein könnte als rein verbal gesagt, teilt dir das Unbewusste deines Gesprächspartners mit, was es von dem hält, was dein Gesprächspartner sagt. Deshalb lohnt es sich, diese Freundschaft mit Hilfe von NLP zu pflegen. Benutzen Sie dazu eine der unten stehenden Möglichkeiten und stellen Sie jedes Mal direkt danach die Als-ob-Frage: „Wenn es noch etwas geben würde, das dabei berücksichtigt werden sollte, was könnte das sein?"

Möglichkeiten vor der Als-ob-Frage

1. Inkongruenz bei Backtrack (#8) körpersprachlich andeutungsweise nachmachen.
2. Inkongruenz nach Backtrack verbal spiegeln, z. B. mit dem Nachsatz: *„Nicht wahr?"*
3. Inkongruenz nach Backtrack nonverbal spiegeln, z. B. beliebige Inkongruenz erzeugen (Gesicht verziehen).

4. Inkongruenz direkt erfragen: *„Was meint denn dein (Körpersignal nennen) ... dazu?"* Das geht nur unter sehr guten Freunden oder bei Coaching/Therapie.

Nach 1. bis 4. jeweils die „Als-ob-Frage" stellen: *„Wenn es noch etwas geben würde, das dabei berücksichtigt werden sollte, was könnte das sein?"*

Als-ob-Fragen

Bei manchen Gesprächssituationen, wenn Ihr Gesprächspartner sagt, dass er etwas nicht weiß oder sich nicht vorstellen kann, empfehlen wir Ihnen mit Als-ob-Fragen Ihre Erfahrungen zu machen. Manchmal wirkt es Wunder und manchmal passt es gar nicht.

Als-ob der Möglichkeit:
„Und wenn dir etwas einfallen würde?"
Wenn Sie bei einer NLP-Intervention nach innerem Erleben fragen und wissen wollen, ob etwas eher hell oder dunkel, laut oder leise, warm oder kühl, ... ist und Ihr Klient oder Ihre Klientin sagt: *„Weiß ich nicht."*, dann lohnt es sich zu fragen: *„Was kommt dir als erstes in den Sinn?"*

Als-ob der Lösung:
„Wenn du eine Idee zu einer eventuellen Lösung für diese Frage hättest, welche könnte das am ehesten sein?"

Als-ob der Person:
„Was könnte jemandem anderem dazu einfallen?"

Als-ob der Zeit:
„Wenn du in 10 Jahren zurückblickst, was könntest du aus dieser Perspektive eventuell als Lösung sehen?"

Als-ob des Wunders:
„Angenommen es würde ein Wunder geschehen, was wäre dann vermutlich anders?"

Als-ob eines Symbols:
„Was könnte einem Ball/Baum/der Sonne/... dazu einfallen?"

VAKOG-Trance #12

Bei vielen NLP-Interventionen aktiviert man alle Sinnesbereiche: Sehen **(V: visuell)**, Hören **(A: auditiv)**, Fühlen **(K: kinästhetisch)**, Riechen **(O: olfaktorisch)** und Schmecken **(G: gustatorisch)**. Oft werden auch nur die ersten 3 genutzt und O und G als Teil von K betrachtet. Die Untereigenschaften dieser Sinnesbereiche heißen im NLP Submodalitäten. Durch die Aktivierung aller Sinnesbereiche werden Dinge intensiver erlebt, Erinnerungen werden besser wach gerufen, Vorstellungen mental stärker verankert und das Lernen wird erleichtert.

Beispiele für VAKOG Submodalitäten

V: Farbe, Helligkeit, Größe, Ort, Form, Intensität, ...
A: Ton/Klang/Melodie, Lautstärke, Motto, Wort, Satz, ...
K: Empfindung, Atmung, Temperatur, Bewegung/Ruhe, Gewicht, Geste, ...
O: frisch, fruchtig, blumig, wie ein bestimmtes Parfum, ...
G: scharf, mild, süß, lecker, ...

VAK-Sprache

Im NLP achten wir darauf welche Sinneskanäle unser Gesprächspartner durch seine Worte nutzt. Dadurch können wir mit ihm die gleiche Sprache sprechen und eine bessere Verständigung wird ermöglicht. Seltenere Variationen im Bereich O (riechen) und G (schmecken) sind z. B. Ausdrücke wie: *„Das schmeckt mir nicht"* oder *„Den kann ich nicht riechen."*

Beispiele für VAK-Ausdrücke:

V - visuell:
anblicken, bildhaft betrachten, einsehen, funkeln, Horizont, mustern, offensichtlich, ... *„Überblick bringt Klarheit und Einsichten. Schau mal, wie viele Hinweise du noch findest, wenn du die Augen offen hältst."*

A - auditiv:
antworten, diskutieren, fragen, hinhören, klingen, ruhig, schrill, übersetzen, leise, sagen, zustimmen, Stimmung, Einklang, ... *„Der Ton macht die Musik. Welch harmonischer Einklang. Hör dich doch mal um, welche Formulierungen dir jetzt noch alle zu Ohren kommen."*

K - kinästhetisch:
arbeiten, behandeln, drücken, fest, passen, rennen, sanft, tragen, weich, Standpunkt, im Griff haben, zupacken, ...
„Es wird dir leicht fallen, im Handumdrehen noch viel mehr Begriffe zusammen zu tragen und dich dabei wohl zu fühlen.“

V wird oft begleitet von eher schnellem Sprechen, hohem Sprechton, aufrechter Körperhaltung und schnellen Gesten, **A** von melodischem Sprechen und **K** von eher tiefem Sprechton, langsamen Sprechen und Bauchatmung.

Augenbewegungshinweise

Die Augenbewegungen geben Hinweise dazu, welchen Sinneskanal ein Mensch gerade nutzt. Damit kann man besser auf ihn eingehen, indem man z. B. mit Worten aus genau diesem Sinnesbereich antwortet. Dabei trainiert man auch seine Aufmerksamkeit und Wahrnehmung.

V ^{er} = **V**isuell **er**innert (innere Bilder)
V ^{k} = **V**isuell **k**onstruiert (innere Bilder)
A ^{er} = **A**uditiv **er**innert (hören)
A ^{k} = **A**uditiv **k**onstruiert (hören)
A $_{iD}$ = **A**uditiv **i**nnerer **D**ialog (Gespräch)
K = **K**inästhetisch (Gefühl)

Weitere Hinweise zum gerade benutzen Sinneskanal ergeben sich aus Körperhaltung, Atmung, Gesten und VAK-Sprache (#13).

S.C.O.R.E.

S.C.O.R.E. ist eine bewährte Abfolge von Fragen, um bei Problemen die mentale Landkarte des Gesprächspartners zu erforschen und um professionell vom Problem zum Ziel zu kommen. Auch wenn das, worin Ihr Gesprächspartner die Ursache sieht, eindeutig falsch ist, so ist es doch in seinem Denken verankert und man erfährt dadurch, wo man ihn abholen kann. Damit Sie sicher sind, dass Sie Ihren Gesprächspartner richtig verstanden haben, empfehlen wir Ihnen, bei jedem Schritt Backtrack zu machen und dabei auf kongruente Zustimmung zu achten.

S.C.O.R.E. eignet sich als Vorbereitung vor jeder NLP-Intervention. Es ist auch als kontinuierlicher Verbesserungsprozess für Mitarbeiterbefragung einsetzbar. Manchmal reicht S.C.O.R.E. auch schon aus, um die erwünschte Veränderung zu erzeugen.

Schrittfolge:

1. **Symptom:** Problem erfragen:
   „Worum genau geht es?“
2. **Cause:** Ursache erfragen: „Woher kommt das?“
3. **Outcome:** „Was möchten Sie angesichts dieser Situation erreichen?“ (SMARTe #18)
4. **Ressourcen** (z. B. Fähigkeiten, Zeit, Geld, ...):
   a) Welche sind schon da?
   b) Welche sind noch nötig?
5. **Effekt:** „Wie sind die Auswirkungen, wenn Sie Ihr Ziel erreicht haben?“ (Ökologiefrage #16)

Ökocheck und Future Pace #16

NLP ist systemisch und berücksichtigt bei allen NLP-Interventionen immer die Zusammenhänge und Auswirkungen (Ökocheck), indem wir den Klienten am Ende jeder NLP-Intervention bitten sich die Zukunft vorzustellen (Future Pace). Dabei achten wir ganz besonders auf Inkongruenzen, die als unbewusste Einwände positiv reframed (umgedeutet) und genutzt werden (#10): *„Wenn es noch etwas zu berücksichtigen gäbe, was könnte das sein?*

Future Pace: Sich gedanklich vorstellen, wie sich eine Veränderung in der Zukunft auswirkt.

Ökocheck: Nachfragen wie bestimmte Entwicklungen zur Person, zu seinem Leben, seinem Umfeld passen. Mögliche Auswirkungen und Folgen erfragen und dabei auf Inkongruenzen achten.

Erste, zweite und dritte Position

Hier handelt es sich um die NLP-Weiterentwicklung des „heißen Stuhls" aus der Gestalttherapie. Ausgangssituation ist ein Konflikt mit Jemandem (B) oder das Leiden an einem Symptom (B). Wenn man das nur in Gedanken durchspielt, erhält man nur rund 3% der möglichen Erkenntnis.

Schrittfolge:

1. Die 1. Position einnehmen: Wie geht es mir da? Was denke ich alles über die andere Person (oder das Symptom)?
2. Die andere Person (oder das Symptom) über „VAKOG" (#12) intensiv auf einem zweitem Stuhl vorstellen. Die erreichte Intensität ist für diese Intervention entscheidend.
3. Mit ihr (oder ihm) direkt reden. Sagen Sie ihm, was Sie von ihm halten. Achten Sie auf seine Reaktion.
4. Wechseln Sie jetzt den Platz. Nehmen Sie die 2. Position ein. Wie fühlt es sich dort an? Erforschen Sie innerlich diese Position.
5. Betrachten Sie die Person in der 1. Position. Reden Sie mit ihr.

6. Jetzt können Sie zwischen den beiden Stühlen mehrfach wechseln und jeweils antworten.
7. Wechseln Sie zu einer 3. Position, von der aus Sie beide Positionen sehen können. Was entgeht der 1. und der 2. Position?
8. Integrieren Sie die Erkenntnisse in die anderen Positionen indem Sie sich jeweils wieder dort hinein begeben.
9. Machen Sie abschließend einen Ökologiecheck über Future Pace (#16).

SMARTe Ziele

Der Weg ist das Ziel. Wissenschaftliche Forschungen bestätigen, dass derjenige, der seine Motivation auf dem Weg zum Ziel mental unterstützt deutlich erfolgreicher ist als derjenige, der nur seine Zielvorstellung intensiviert. Deshalb fokussieren wir hier auf die zielführenden Kräfte auf dem Weg.

Schrittfolge:
S - Situationsspezifisch: Formulieren Sie zuerst Ihr Ziel ohne Vergleich und ohne Negation. Betrachten Sie dann das Bild der konkreten Zielsituation. Welche Kräfte von Ihnen müssen Sie für Ihr Ziel entfalten. Die Entfaltung dieser Kräfte ist das professionelle Ziel.

M - Messbar: Wie lässt sich die Entfaltung ihrer zielführenden Kräfte objektiv messen?

A - Attraktiv: Intensivieren Sie die Anziehungskraft dieser Kräfte durch VAKOG (#12).

R - Realistisch: Kontrollieren Sie, ob das Endziel und das Wegziel mit Ihren eigenen Kräften erreichbar ist.

T - Terminiert: Wann genau soll das Endziel und wann das Wegziel erreicht sein?

e - ecology: Beachten Sie die Systemökologie: Welche bisher nicht reflektierten Auswirkungen können die Zielerfüllungen haben? Achten Sie hier bitte ganz besonders auf Inkongruenzen (#10).

Chunking (up, sideways oder down

Mit Chunk-up fragt man nach dem höheren Rahmen in den eine Sache eingebettet ist. Geldziele sind z. B. oft darin eingebettet, dass man sich bestimmte Dinge leisten möchte und das ist wiederum oft eingebettet in ein dadurch erhofftes Wohlgefühl. Chunk-sideways entfaltet Motivation durch Aktivierung der rechten Hirnhälfte. Chunk-down schafft Präzision auf der Grundlage von Chunk-up und Chunk-sideways.

Schrittfolge:

1. Wenden Sie die beiden Chunk-up-Fragen auf ein Ziel an: *„Was hätten Sie davon, wenn...?"* und *„Was möchten Sie dadurch erreichen?"* Machen Sie das mehrfach soweit es geht.
2. Intensivieren Sie das gefundene höhere Ziel durch Chunk-sideways: *„Dieses Ziel zu erreichen ist für Sie wie ... (was)?"* Hier suchen wir nach motivierenden Metaphern und Referenzerfahrungen.
3. Mit Chunk-down fragen Sie: *„Wann, mit wem, wodurch und wie genau möchten Sie das erreichen? Was genau gibt es dafür wie genau zu tun? Und was noch? Und was noch?"*

#19

Chunk-sideways lässt sich auch nutzen, um beim Small Talk das Thema zu wechseln, indem man etwas was der andere gesagt hat aufgreift und z. B. antwortet: *„Also das erinnert mich jetzt an ...“*

Chunk-up lässt sich auch nutzen um das ethisch akzeptable Ziel hinter unethischen Zielen zu finden und bei festgefahrenen Verhandlungen.

Logische Ebenen

Die Kraft der Ziele lässt sich durch die erweiterten logischen Ebenen stark intensivieren. Durch die Erweiterung mit dem Universum und einem Symbol werden noch mehr kreative Ebenen aktiviert.
In der Ursprungsform von Robert Dilts steht statt dem Universum und dem Symbol nur die Ebene der Vision.

Schrittfolge (bei dieser NLP-Intervention tatsächlich immer einen Schritt machen):

1. In welcher **Umgebung** stellen Sie sich vor Ihr Ziel zu verwirklichen?
2. Welches **Verhalten** zeigen Sie dabei?
3. Welche **Fähigkeiten** von Ihnen setzen Sie dabei ein?
4. Welche **Überzeugungen & Werte** leben Sie dabei?
5. In welcher Art von **Identität** erleben Sie sich dabei?
6. Schauen Sie jetzt nach links oben. Stellen Sie sich dort das **Universum** vor (Zeit dafür lassen). Jetzt gehen Sie 2 Schritte nach links vorne und drehen sich dort hinein. Werden Sie zu diesem Universum. Sehen Sie sich vom Universum aus. Geben Sie sich eine Empfehlung. Senden Sie diese Empfehlung zur Identitätsebene. Gehen Sie zurück auf die Identitätsebene und

empfangen Sie die Empfehlung.

7. Schauen Sie jetzt nach rechts oben. Lassen Sie dort ein **Symbol** entstehen. Gehen Sie zwei Schritte nach rechts vorne ... Weiter so wie beim Universum: reindrehen, erforschen, Empfehlung senden und zurück auf Identität empfangen.
8. Mit dieser neuen Energie gehen Sie jetzt wieder alle Schritte zurück zu Überzeugungen & Werte, Fähigkeiten, Verhalten und Umgebung und erleben Sie, wie sie sich dort jeweils auswirkt.

New Behavior Generator

Im Grunde ist der NBG ein Neuer Zustands Generator – er erzeugt einen neuen Zustand, der ein neues Verhalten ermöglicht. In dieser NLP-Intervention sind sehr viele NLP-Fertigkeiten enthalten.

Schrittfolge:

1. Nehmen Sie ein SMARTes Ziel mit der Formulierung für ihr Wegziel (#18).
2. Stellen Sie sich vor, Sie könnten sich in ein paar Meter Entfernung sehen, wie Sie Ihre Fähigkeiten entfalten, die Sie zu Ihrem Ziel führen. In welcher Umgebung sehen Sie sich? Welche Situationen lösen die Entfaltung dieser Kräfte aus? Welche Werte und Überzeugungen leben Sie dabei?
3. Intensivieren Sie mit VAKOG (#12) diese Vorstellung. Diese dissoziierte Art der Vorstellung aktiviert die Motivation.
4. Dann gehen Sie dort hin und steigen in diese Vorstellung ein. Erleben Sie und genießen Sie intensiv wie das ist. Diese assoziierte Art erhöht die Sicherheit, dass man das kann.

5. Fühlt sich alles rundum richtig an? Gibt es Inkongruenzen (#10)? Wenn es noch etwas zu verändern gibt, dann gehen Sie zurück zu 1., verändern Sie die Zielformulierung entsprechend und durchlaufen Sie alles nochmals.

Bei dieser NLP-Intervention können Sie bei Schritt 2 sich auch einen Menschen vorstellen, der das erwünschte Verhalten zeigt. Selbst die Vorstellung von z. B. einem Baum der Ruhe ausstrahlt oder einer Sonne die Wärme gibt ist möglich. Einfach intensiv vorstellen und dann die Vorstellung so verändern, dass Sie sich so sehen.

Was war die Absicht ihrer Kommunikation? #22

Dies ist eine Beratungs- oder Coaching-Intervention, wenn Ihr Gesprächspartner sich darüber beklagt, dass sich irgendjemand ihm gegenüber unangemessen verhält. Mit NLP sind Sie sofort handlungsfähig, wenn Ihr Gesprächspartner anders reagiert als Sie das möchten: Verändern Sie Ihr Verhalten solange, bis die Reaktionen in die von Ihnen gewünschte Richtung gehen.

Schrittfolge:

1. Lenken Sie das Gespräch so, dass Ihr Gesprächspartner sagt, dass derjenige, über den er sich beklagt, unangemessen **reagiert**.
2. Danach fragen Sie: *„Welche Reaktion hätten Sie denn gerne erhalten?"*
3. Nutzen Sie Backtrack (#8) und fragen Sie dann: *„Wie müssten Sie sich denn verhalten, damit derjenige so reagiert wie Sie das möchten?"*
4. Jetzt können Sie das neue Verhalten mental durchspielen und im Rollenspiel einüben. Vertiefend sind hier NBG (#21) und Positionen (#17) zielführend.

„Niemand kann einen anderen davon überzeugen, sich zu ändern. Jeder von uns hat eine Tür zur Veränderung, die nur von innen geöffnet werden kann." (Virginia Satir)

intelligenter Umgang mit Kritik

Zwischen Reiz und Reaktion gibt es einen Zwischenraum. Mit NLP können Sie ihn vergrößern. Die folgende NLP-Intervention kann angewendet werden, wenn jemand Sie ungerechtfertigt kritisiert. Wenn Sie zu Recht kritisiert werden, entschuldigen Sie sich einfach nur und suchen mit dem anderen sachlich nach einer Korrektur.

Schrittfolge:

1. Zeit gewinnen Teil 1: Sagen Sie einfach erst mal nur zwei Worte, z. B. *„Ach ja."*, oder *„Oh je."*, oder *„Nanu."*. Das verschafft Ihnen Zeit zu überlegen. Gehen Sie dabei auch etwas zur Seite, damit die Angriffsenergie vorbeifließen kann.
2. Teil 2: Nutzen Sie die Frageform des Backtracks (#8), z. B. mit: *„Habe ich Sie richtig verstanden, dass Sie meinen,..."* Vielleicht erledigt sich dadurch ja schon alles.
3. Teil 3: Würdigen Sie Ihren Kritiker, z. B. mit: *„Danke, dass Sie das jetzt so offen und direkt ansprechen. Sie sind offensichtlich an einer Lösung interessiert."*

4. Teil 4: Entschuldigen ohne sich zu entschuldigen, z. B. mit: *„Es tut mir leid, wenn ich Sie damit ..."* Das beruhigt viele Angreifer obwohl Sie nichts zugegeben haben.
5. Jetzt hatten Sie genug Zeitgewinn und können zum Angriff übergehen, wenn Sie wollen, z. B. mit: *„Ich verstehe, Sie sehen das jetzt so von Ihrem Standpunkt aus."* oder: *„Was genau ist jetzt Ihr Wunsch an mich?"*

Kreis der persönlichen Exzellenz

Mit NLP können Sie vergangene ressourcevolle Zustände für zukünftige Zielsituationen aktivieren. Hierzu 7 Schritte:

Schrittfolge:

1. Erinnern Sie sich an eine Situation in Ihrem Leben, in der Sie sich besonders exzellent gefühlt haben, wo sie sich richtig rundum okay fühlten, im Flow, mit sich im Einklang,... Erinnern Sie dazu emotionale Details so intensiv wie möglich.
2. Wenn Sie jetzt 2-3 Meter vor sich einen Energiekreis sehen würden, der genau diese Stimmung ausdrückt, welche Farbe hätte er? Welchen Klang hätte er? Was für eine Art von Energie können Sie dort erkennen?
3. Machen Sie das mit mindestens 2 weiteren vergangenen ressourcevollen Zuständen und intensivieren Sie den Energiekreis weiter und weiter.
4. Wenn der Energiekreis richtig intensiv ist, dann gehen Sie mit ein paar Schritten in diesen Energiekreis rein und genießen ihn. Lassen Sie dabei die Energie sich weiter intensivieren.

5. Gehen Sie ein paar Mal rein und raus. Schauen Sie sich den Energiekreis von außen an und erleben Sie ihn von innen. Es ist Ihr Kreis Ihrer persönlichen Exzellenz.
6. Überlegen Sie sich, in welcher zukünftigen Zielsituation Sie diesen Energiekreis gut nutzen können.
7. Geben Sie diesem Energiekreis einen Namen, verbinden Sie ihn mit einer kleinen Bewegung und gewöhnen Sie sich in nächster Zeit an Ihren Energiekreis. Üben Sie immer wieder ihn entstehen zu lassen und rein zugehen. Dann haben Sie ihn auch in herausfordernden Situationen zur Verfügung.

Erfolgsanker (TIGER)

Der Erfolgsanker ist ein Stapelanker bei dem positive Erlebnisse aus der Vergangenheit mit einer ausgewählten Stelle am Körper verbunden werden. Wenn Sie diesen Anker gut aufbauen, dann steht er Ihnen in kritischen Situationen zur Verfügung.

Schrittfolge:

1. Suchen Sie sich am Körper eine Stelle aus, die Sie als „Ankerplatz" nutzen möchten.
2. Jetzt erinnern Sie sich an ein kraftvolles Erlebnis in allen Sinnesbereichen (VAKOG #12).
3. Sobald die Erinnerung sich entfaltet und Sie das intensiv fühlen, berühren Sie die ausgewählte Stelle an Ihrem Körper.
4. Machen Sie das mit mehreren kraftvollen Erinnerungen.
5. In kritischen Situationen machen Sie dann die gleiche Bewegung um diesen Zustand wieder zu aktivieren.
6. Um sich zu merken worauf es beim Ankern ankommt, gibt es das Akronym: **TIGER**.

#25

T - **Timing:** Wenn man kurz vor dem Höhepunkt der Entfaltung der Erinnerung ankert, hat man die Entfaltungsdynamik mit drin.

I - **Intensität:** Alle VAKOG-Bereiche zu erfassen erhöht die Wirksamkeit.

G - **Genauigkeit:** Ein Anker lässt sich am besten genau so auslösen, wie er verankert wurde (gleiche Stelle, Bewegung, Druck, ...).

E - **Einzigartigkeit:** Der Platz an dem man ankert sollte nicht schon stark belegt sein.

R - **Reinheit:** Was immer Sie beim Ankern nebenbei noch mitdenken wird auch mit verankert.

Anker verschmelzen #26

NLP-Intervention bei der 2 emotionale Zustände als Anker körperlich gesetzt und getestet werden und danach gleichzeitig oder kurz nacheinander aktiviert werden. NLP ist Zustandswechsel. In bestimmten Zuständen haben wir nur eingegrenzte Verhaltensmöglichkeiten zur Verfügung. Durch Anker verschmelzen erweitern wir die Verhaltensmöglichkeiten.

Schrittfolge:

1. **Negativen Anker** über VAK aktivieren, am Körper verankern und testen. Hier ist ein Separator nicht unbedingt erforderlich, weil diese Abfolge später so bleibt.
2. **Positiven Anker** über VAK aktivieren, am Körper verankern und testen. Eventuell Stapelanker (#25) nutzen.
3. **Separator:** Eine Unterbrechung oder Ablenkung nutzen.
4. **Beide aktivieren:** Gleichzeitig oder nacheinander (erst negativen, dann positiven dazu nehmen) und beide mischen. Hier ist Trancesprache hilfreich (#40-#42).

Visual Squash #27

Diese NLP-Intervention ist am besten einsetzbar für innere Konflikte bei Menschen die gut visualisieren können.

Schrittfolge:

1. Beide Hände liegen offen mit der Handfläche nach oben. **Auf jeder Hand einen Konfliktteil visualisieren:** *„Wie sieht dieser Teil aus? Was für eine Stimme hat er? Wie ist sein Gewicht? – Wie sieht der andere Teil auf der anderen Hand aus? ..."*

2. Jeden Teil sagen lassen, worum es ihm geht. Eventuell beide in ihrer üblichen Art miteinander reden lassen.

3. Jeder Konfliktteil sagt seine **positive Absicht**. Jeder würdigt den Anderen damit.

4. **Eine Ressource** zur Verständigung in der Mitte zwischen den beiden Händen entstehen lassen, z. B. eine Wolke, eine Wiese, eine Oase, ...

5. **Integration** der beiden Hände in der Mitte sprachlich begleiten. Hier ist Trancesprache (#40-#42) sehr hilfreich: *„Und wenn du dir jetzt erlauben würdest, dass sich die beiden Hände ganz langsam auf einander zu bewegen und du musst nicht wissen wie, ..."*

6. Bei **Einwänden** diese als positive Absicht reframen und integrieren.

"Miteinander kooperieren ist das Erfolgsgeheimnis der Menschheit" (Prof. Dr. Yuval Noah Harari)

Mitglied werden

Werden Sie Mitglied in den internationalen Verbänden für NLP: International Association of NLP Institutes (IN) und für Coaching: International Association of Coaching Institutes (ICI). Hier finden Sie höchste Qualitäts- und Ethikstandards, Integration von Wissenschaft, kostenlose Werbemöglichkeiten für sich und Mitgliedschaft ohne Jahresmitgliedsbeiträge bis zur Mitgliedsebene „NLP Trainer, IN" und „Master Coach, ICI".

IN: www.nlp-institutes.net
ICI: www.coaching-institutes.net

Change History

Es ist nie zu spät für eine glückliche Kindheit. Aus unserem Inneren beobachten „Innere Kinder" was draußen vorgeht und reagieren darauf. Da sie am Gefühlshebel sitzen, sind diese Reaktionen oft sehr intensiv und unangemessen. Diese NLP-Intervention versorgt „Innere Kinder".

Schrittfolge:

1. **Problem:** Störendes Ausgangsgefühl mit assoziierter VAK-Trance (#12) erinnern und evtl. eine Handbewegung dafür finden.
2. **Zum Ursprung:** Mit der Problembewegung sich assoziativ mental innerlich in die Vergangenheit zurückziehen lassen. Zwischenstationen und Ursprung erforschen.
3. **Beim Ursprung mit dem Innerem Kind reden:** „Ich komme aus deiner Zukunft." Wenn das Kind zweifelt, z. B. zeigen, dass man den Raum heller machen kann und ähnliche Zauberkunststücke. Vertrauen aufbauen.
4. **Ressourcen:** Dem Kind alles geben was es innerlich gerne hätte (Spielzeug, Kuscheltier, ...).

Zuständigkeiten klären: „Du lebst in mir und darfst dich hier wohl fühlen. Ich bin für das zuständig was draußen passiert. Ich bin auch gerne für dich da. Wenn du mich brauchst, besuche ich dich. Ich freu mich über dich." Solange, bis ein wundervolles Gefühl entsteht.

5. **Lösungsressource aktivieren:** Aktuellen Zustand in einer Handbewegung ausdrücken.
6. **Zwischenstationen versorgen und Future Pace:** Mit dieser Handbewegung durch die Zwischenschritte und auch in zukünftige Situationen gehen.

Kontext-Reframing

Manche Reaktionen sind in manchen Kontexten nicht sinnvoll. Diese NLP-Intervention hilft den ursprünglichen Kontext wieder zu finden und damit eine behindernde Reaktion aus aktuellen Kontexten heraus zu halten. In dieser NLP-Intervention nutzen wir kleine Zettel („Ort A", „V1", ...) die wir als Bodenanker auslegen.

Schrittfolge:

1. Schilderung des Problemverhaltens „V1" im aktuellen Kontext A am „Ort A" (im Raum eine Stelle A suchen). Körpersprachlich das Problemverhalten „V1" zeigen (VAKOG #12 nutzen).
2. Im Raum herumlaufen, den Ursprungskontext B für Verhalten „V1" finden und ihn als „Ort B" platzieren. „V1" mit „Ort B" (Ursprungskontext) verbinden: „Hier gehört es her."
3. Metaraum „Ort C" festlegen und sich von dort das neue erwünschte Verhalten „V2" am „Ort D" im Raum vorstellen.

4. Das erwünschte Verhalten „V2“ assoziiert am „Ort D“ aktivieren und von dort zu „Ort A“ mit Farbe, Tor und Bewegung senden.
5. Bei „Ort A“ Lösungsverhalten empfangen und im Kontext A mental ausprobieren
6. Ökocheck über Future Pace (#16): Vorstellung einer zukünftigen relevanten Situation und dabei auf Inkongruenzen (#10) achten.
7. Für das Problemverhalten am „Ort A“ eignet sich als Weiterarbeit die NLP-Intervention: „Change History“ (#28).

Six-Step Reframing

Diese NLP-Intervention ist für unerklärliche Symptome und Ängste. Sie erfordert viel NLP-Erfahrung.

Schrittfolge:

1. Das Problem am besten mit S.C.O.R.E. (#15) klären und dabei auch nebenbei Ideen säen, wie z. B.: *„Das Unbewusste ist wie ein Freund. Es äußert sich über Körperempfindungen. Das Verhalten und die dahinter stehende Absicht können sich stark unterscheiden..."*
2. Eine Kommunikation mit dem Unbewussten etablieren: *„Wo im Körper spüren Sie jetzt dieses Problem? Legen Sie bitte eine Hand dort hin und begrüßen Sie diesen Anteil von sich, der sich dort jetzt zeigt."* Bitten Sie ihn kurz das, was Sie gerade spüren, als Zeichen zu verstärken, damit Sie wissen, dass er bereit ist mit Ihnen zu kommunizieren.
3. Fragen Sie diesen Teil: *„Was ist die positive Absicht, die Du mit dem Problemverhalten erreichen möchtest?"* Bitten Sie ihn sein Zeichen zu senden, damit Sie wissen, dass Sie ihn richtig verstanden haben.

4. Bitten Sie diesen Teil, sich in Ihnen mit dem kreativen Teil jetzt zu treffen und 3 neue Verhaltensweisen für die Umsetzung der positiven Absicht zu finden, die in Übereinstimmung mit allen anderen Anteilen Ihrer Persönlichkeit sind. Bitten Sie jedes Mal um ein Zeichen, wenn Sie eins gefunden haben.
5. Machen Sie einen Ökologiecheck über Future Pace (#16).
6. Bitten Sie diesen Teil, Ihnen das Zeichen zu senden, damit Sie wissen, dass er bereit ist für die neuen Verhaltensweisen die Verantwortung zu übernehmen.

Submodalitäten-Transfer

Submodalitäten sind in #12 als Untereigenschaften der 5 Sinne erklärt. Untereigenschaften im visuellen Bereich sind z. B.: Farbe oder schwarz-weiß, hell oder dunkel, groß oder klein, nah oder fern, ... Welche emotionale Reaktion wir auf eine Erinnerung oder Vorstellung haben hängt nicht vom Inhalt ab, sondern von den inneren Darstellungseigenschaften. Die sind über NLP veränderbar. Ob wir vor etwas Angst haben oder uns darüber freuen, motiviert sind oder nicht, ... hängt von der Art unserer inneren Vorstellung ab.

Schrittfolge:

1. Bitten Sie jemanden, ein unangenehmes Erlebnis zu erinnern. Erfragen Sie die wichtigsten Submodalitäten zur inneren Repräsentation der Erinnerung.
   V: Bild oder Film, farbig oder schwarz/weiß, hell oder dunkel, assoziiert oder dissoziiert, wo ist es im Raum, ...?
   A: monoton oder melodisch, laut oder leise, von nah oder fern, ...?
   K: schwer oder leicht, mit oder ohne Bewegung, Ort und Art der Körperempfindung dazu, ...?

2. Dann erfragen Sie genauso die wichtigsten Submodalitäten von einem wunderbaren Erlebnis.
3. In welchen Submodalitäten unterscheiden sich diese beiden Erinnerungen?
4. Verändern Sie die Wirkung des unangenehmen Erlebnisses, indem Sie denjenigen bitten, die Submodalitäten des wunderbaren Erlebnisses auf das unangenehme Erlebnis zu übertragen.
5. Kläre die Ökologie (#16).

Praline-Format

Dieses Submodalitätenformat ist gut geeignet, um Motivation für Dinge aufzubauen, die man nicht gerne macht. Assoziiert bedeutet, dass man etwas so sieht wie man es durch seine Augen normalerweise sieht. Das erzeugt das Gefühl, dass man etwas kann. Dissoziiert bedeutet, dass man sich selbst sieht. Das erzeugt das Gefühl, dass man dort hin möchte.

Schrittfolge:

1. Machen Sie sich innerlich ein **assoziiertes Bild**, von etwas das Sie unwiderstehlich gerne mögen (z. B. Pralinen). Stellen Sie das Bild innerlich kurz zur Seite.
2. Machen Sie sich ein **dissoziiertes Bild** von sich selbst, wie Sie das tun, wofür Sie gerne Motivation haben möchten.
3. Klären Sie innerlich ab, ob es für **alle inneren Bereiche** okay ist, dass Sie es genießen diese Aufgabe zu erledigen.
4. Stellen Sie sich das dissoziierte Bild 2 vor und direkt dahinter das motivierende assoziierte Bild 1. Machen Sie ein kleines Loch in Bild 2,

so dass Bild 1 sichtbar ist. Lassen Sie das Loch mehrfach größer und kleiner werden.

5. Betrachten Sie jetzt wieder das Bild 2 alleine und erleben Sie seine neue Wirkung.

Swish

Diese Submodalitätenintervention ist gut geeignet, um unerwünschtes Verhalten zu verändern.

Schrittfolge:

1. **Assoziiertes Problembild:** Sehen Sie innerlich das, was das unerwünschte Verhalten auslöst. Machen Sie das Bild quadratisch und einen Rahmen darum.
2. Testen Sie, ob Verkleinerung und Verdunklung die Wirkung schwächen.
3. **Dissoziiertes Zielbild:** Sehen Sie sich selbst in einem neuen Bild mit dem neuen Verhalten.
4. Testen Sie, ob Vergrößerung und mehr Helligkeit das Zielbild intensivieren..
5. Klären Sie innerlich ab, ob es für alle inneren Bereiche okay ist, dass Sie diese Veränderung machen möchten.
6. Machen Sie das Problembild groß und hell.
7. Machen Sie das Zielbild klein und dunkel und setzen Sie es in die untere rechte Ecke des Problembildes.
8. **Swish:** Lassen Sie das kleine dunkle Bild ganz schnell groß und hell werden, während das Problembild dahinter schrumpft, verblasst und verschwindet.

9. Löschen Sie innerlich die Bildfläche und öffnen Sie die Augen und schauen Sie sich hier um (Separator).
10. Machen Sie den Swish mehrfach und immer schneller.
11. **Test:** Stellen Sie sich nun das 1. Bild vor. Wenn es schwierig ist, hat der Swish funktioniert.
12. **Alternativen:** Statt Helligkeit und Größe kann man auch Entfernung und Farbe nutzen. Unterstützend kann man jedes Bild auch in eine Hand nehmen und beim Swish mit den Händen ganz schnell das Zielbild nach vorne schieben und das Problembild nach hinten schieben.

Fast Phobia Cure

Dieses Submodalitätenintervention ist für Ängste gut geeignet: Fahrstuhl, Flugzeug, Hunde, ...

Schrittfolge:

1. Stellen Sie sich vor, Sie wären in einem Kino und auf der Leinwand sehen Sie ein Foto von sich in einer Situation vor der Angstsituation, als noch alles okay war und Sie wissen, dass auf der entgegengesetzten Seite ein Foto von Ihnen nach der Angstsituation ist, als Sie wieder in Sicherheit waren.
2. Stellen Sie sich jetzt vor, dass Sie vom Projektionsraum aus sich im Kino sitzen sehen, wie Sie auf die Leinwand schauen und wie Sie sich den Film in schwarz-weiß anschauen von „alles okay" durch die Angstsituation bis zu „wieder in Sicherheit".
3. Schweben Sie jetzt aus dem Projektionsraum heraus direkt in das Endbild „wieder in Sicherheit" und lassen Sie dieses Endbild farbig werden.
4. Erleben Sie körperlich wie der ganze Film jetzt in Farbe sehr schnell rückwärts läuft bis zu der Ausgangs-

situation wo noch alles okay ist. Hier lassen Sie dann die Leinwand weiß werden und öffnen die Augen.

5. Erleben Sie Schritt 4. mehrfach und immer schneller.
6. Wenn Sie die ursprüngliche auslösende Situation nicht mehr kennen, machen Sie 1.-5. mit 3 unterschiedlichen Situationen – ansonsten reicht die Ursprungssituation.
7. Testen Sie sofort mental und zeitnah ganz real die Wirkung dieser Intervention.

Meta-Modell 1: Verallgemeinerungen (Universalqu

Das Meta-Modell untersucht Sätze auf behindernde Verallgemeinerungen, Verzerrungen oder Tilgungen. Die Meta-Modell-Fragen dienen der Wiederherstellung des im behindernden Satz ersichtlichen verlorenen Anteiles im Erleben.

Mit Verallgemeinerungen (immer, nie, alle, ...) vermeiden wir die Einzigartigkeit und Tiefe eines Erlebnisses. Die Folge ist Langeweile. Wer oft verallgemeinert hat zumindest in dem jeweiligen Bereich Oberflächlichkeit gewählt. Die Meta-Modell-Fragen dienen dem Wechsel des Wahrnehmungsfilters. Wenn Sie hören, dass bei einem bestimmten Thema Ihr Klient Verallgemeinerungen benutzt, dann helfen ihm die folgenden Fragen seine Sichtweise zu ändern.

Auch beim eigenen inneren Selbstgespräch lohnt es sich darauf zu achten und ggf. diese NLP-Intervention einzusetzen.

Schrittfolge:

1. Setzen Sie einfach einen fragende Ton hinter die Verallgemeinerung: *„immer?“*, *„nie?“*, *„alle?“*, *„jeder?“*, *„alle Lehrer?“*, *„alle NLPler?“*
2. Erfragen oder erfinden Sie ein Gegenbeispiel: *„kennen Sie wirklich niemanden, der ...“*, oder *„Ich kenne ...“*
3. Fragen Sie, wenn es passt, spezifizierend nach: *„Wen genau meinen Sie?“* Sie werden erstaunt sein wie oft Sie dann ganz konkrete Namen hören.
4. Eine provokative Variante besteht darin mit noch mehr Universalquantoren zu antworten und zu übertreiben, z. B.: *„Sind wir nicht alle immer überall so?“*

Meta-Modell 2: Ursache-Wirkung-Verzerrung

Menschen lieben es Ursachen zu erfinden, z. B.: *„Weil ... (X) deshalb bin ich ... (Y)“*. Es gibt unterstützende Überzeugungen und behindernde. Es empfiehlt sich behindernde Überzeugungen durch unterstützende zu ersetzen.

Überzeugungen haben typischerweise die Form: *„Weil X, deshalb Y.“* Mit behindernden Überzeugungen vermeiden wir es Verantwortung zu übernehmen. Oft findet man dahinter Macht, Abhängigkeit, Opfer, Schuld, Aggression und Ärger. Oft wählen wir dadurch: sich ausgeliefert fühlen, sich klein machen, Verwirrung und Vorwürfe.

Mit der folgenden NLP-Intervention können Sie behindernde Überzeugungen hinterfragen und unterstützende anbieten. Da solche Überzeugungen emotional verankert sind, hilft Logik hier meistens nichts – es bedarf deutlicher emotionaler Irritation.

#36

Schrittfolge:

1. Hinterfragen Sie den Zusammenhang: *„Wie genau verursacht ... (X) ... (Y)?"*
2. Irritieren Sie den Zusammenhang: *„Wo ist denn da der Zusammenhang?"* oder: *„Was hat denn das Eine mit dem Anderen zu tun?"*
3. Hinterfragen Sie die enthaltene Verallgemeinerung: *„Bedeutet X immer gleich Y?"* oder *„Ist das immer so, das wenn ...?"*
4. Sie können auch emotional provozieren: *„Wie kommen Sie denn da drauf?"* oder die darin enthaltene Verallgemeinerung hinterfragen: *„Ist das immer so?"*
5. Wenn Sie eine emotionale Irritation bei Ihrem Gesprächspartner sehen, ist das ein guter Zeitpunkt, um eine hilfreiche Überzeugung anzubieten: *„Ist es nicht vielmehr so, ..."*

Meta-Modell 3: Modaloperatoren (sollen, müssen, nicht können)

Mit Modaloperatoren (sollen, müssen, nicht können, ...) wird hörbar, dass sich jemand auf außen stehende Autoritäten beruft. Er vermeidet dabei eigene Verantwortung zu übernehmen. Dahinter steht meistens Überlastung und emotionaler Druck. Derjenige hat oft Hilflosigkeit, Anpassung, Unterdrückung und Identifikation mit dem Aggressor gewählt.
Diese Intervention eignet sich nur bei Aussagen ohne den Begründungsteil. Bei: *„Man muss immer allen helfen."* fehlt (Tilgung) die Begründung weshalb man das muss.

Schrittfolge:

1. Fragen Sie: *„Was würde passieren, wenn...(sie nicht immer allen helfen würden)?"* oder *„Was hindert Sie daran... (auch mal an sich zu denken)?"* Darauf erhalten Sie normalerweise den fehlenden Teil der dahinter stehenden Überzeugung; der Ursache-Wirkung-Verknüpfung. Fahren Sie jetzt fort mit den Fragen aus #36.
2. Im therapeutischen Kontext geht auch: *„Wer sagt das eigentlich?"* Diese Variation ist geeignet, wenn Sie meinen, dass eine andere Person zum Teil unbewusst

Maßstäbe gesetzt hat. Wenn Ihr Klient dann sagt: *„Meine Mutter."*, dann sagen Sie: *„Machen Sie immer alles was Ihre Mutter sagt?"*

Meta-Modell 4: Verlorener Performativ #38

Beim Verlorenen Performativ („*Es ist richtig, gut, falsch, besser, …*") gibt es ein Urteil, in dem der Handelnde (Performer) verloren ging, bzw. aus unbewussten Gründen weggelassen wird (Tilgung). Das Urteil erscheint dadurch objektiver. Dahinter steht oft Dominanz/Untergebung und fehlende Flexibilität. Es wird Hilflosigkeit, Anpassung/Unterdrückung und Identifikation mit dem Aggressor gewählt.
Ähnlich sind Vergleiche ohne Bezug („*Das ist mir zu teuer, schwer,…*") und hellsehen („*Er weiß doch ganz genau, was ich davon halte.*").
Mit den Meta-Modell-Fragen versuchen Sie den Nebel aus den Aussagen heraus zu nehmen und neue Entscheidungen zu ermöglichen.

Schrittfolge:

1. Fragen Sie: „*Von welchem Standpunkt aus gesehen?*"
2. „*Nach welchem Maßstab gemessen?*"
3. „*Woher wissen Sie denn, dass das so ist?*"
4. „*In Bezug auf was …?*"

"Mindfulness is non-judging, patience, beginner's mind, trust, non-striving, acceptance, letting go." (Jon Kabat-Zinn)

Institutes for Mindfulness Evolving

Wir haben das klassische Mindfulnesstraining durch NLP intensiviert und erweitert. Wenn du schon NLP-Master bist, kannst du dich bei uns zum "Mindfulness Trainer, In-Me" weiterqualifizieren.

https://in-me.world

Meta-Modell 5: Nominalisierungen und unspezifische Verben

Nominalisierungen (Hoffnung, Freiheit, Angst, Scham) sind zu Substantiven (Gegenstände) verwandelte Verben (Prozesse). Aus einer Handlung wurde eine Sache, etwas Erstarrtes gemacht. Dadurch erscheint sie größer und bedeutender. Hier versuchen Sie wieder zur darin enthaltenen Tätigkeit zurück zu kommen: *„Was genau erleben Sie, wenn Sie hoffen/sich frei fühlen/sich ängstigen/sich schämen. . . ?"* oder: *„Was genau bedeutet ... für Sie?"* oder: *„Woher wissen Sie, dass Sie ...?"* (und weiter mit dem Unterton des Anzweifelns) *„Könnte es nicht auch sein, dass Sie sich ... fühlen?"*

Bei **unspezifischen Verben** versuchen Sie die fehlende spezifische Information zu erfragen: *„Wie genau ..."*, *„Was genau ...?"* Die Aussage: *„Ich bin Raucher."*, hält das Rauchen auf der Identitätsebene. Die Frage: *„Was genau machen Sie als Raucher?"* bringt vielleicht die Antwort: *„Ich rauche täglich eine Zigarette."* Jetzt ist es nur noch ein Verhalten. Verhalten lässt sich leichter ändern als die Identität.
Bei Nominalisierungen und unspezifischen Verben sind alle drei Prozesse sichtbar: Verallgemeinerung, Verzerrung und

#39

Tilgung. Wenn sie das Leben eines Menschen einschränken, nennen wir sie Meta-Modell-Verletzungen und arbeiten mit den Meta-Modell-Fragen an der Auflösung der Einschränkung. Beim Milton-Modell (#40-#42) nutzen wir sie für Trance.

Milton-Modell 1: umgedrehtes Meta-Modell

Das Milton-Modell wurde nach Milton Erickson benannt. Es besteht im wesentlichen aus dem umgedrehten Meta-Modell (#35-#39), vager Sprache, eingebetteten Aufforderungen und speziellen Tranceanleitungen. Trance nennt man den durch Hypnose erzeugten Zustand. Beim umgedrehten Meta-Modell verwendet man die Meta-Modell-Verletzungen als heiße Luft, was dazu führt, dass Menschen in Trancezustände gehen.

Verallgemeinerungen: jeder, man, immer, nichts, Menschen, ...

Zusammenhänge: bevor, und, während, danach, indem, das macht, was dazu führt, ...

Modaloperatoren: (müssen, dürfen können) du musst nicht sofort, du kannst es dir erlauben, es ist möglich, du bist fähig...

Bewertungen: es ist gut, richtig, sinnvoll...

Unspezifische Verben/Substantive/ Nominalisierungen: Leichtigkeit, Freiheit, Erfahrungen geschehen lassen, empfinden...

Beispiele: *„Jeder weiß noch bevor er denkt und während er sich öffnet, dass er es sich erlauben kann und dass es richtig ist dem eigene Rhythmus zu folgen, der Leichtigkeit und Freude die dazu führt, dass das Erleben tiefer wird mit jedem Atemzug indem du meinen Worten folgst und du musst nicht gleich die Augen schließen oder in eine tiefe Trance gehen, weil es besser ist einfach sich aufgehoben zu fühlen und Schritt für Schritt den eigenen Gedanken zu folgen, . .“*

Milton-Modell 2: Vage Sprache & Go First

Vage Sprache ist heiße Luft, die es dem Tranceanleiter erlaubt inhaltlich nichts zu sagen und dem Angeleiteten hilft in Trance zu gehen.

Go first bedeutet, dass der Anleiter am besten selbst zuerst in den Zustand geht, in den er den Angeleiteten führen will. Dann transportiert er mit seinen Worten diesen Zustand.

Beispiele: *„Vielleicht möchtest du erst mal deinen eigenen Gedanken folgen und es kann sein, dass du dich ganz bei dir fühlst oder auch irgendwie woanders und während du einatmest und ausatmest, hilft dir der Atem, ohne dass du wissen musst wie das jetzt geht, tiefes Wohlgefühl in dir zu erleben oder etwas anderes, das du genießen kannst, wobei ich dich bitte, dir Zeit zu lassen für diese ganz eigene Art deines Erlebens ...“*

#41

Wenn Sie diese Sprachmuster bewusst können, wird Ihnen auffallen wie oft sie in allen möglichen Business- und alltagssprachlichen Kontexten völlig unbewusst eingesetzt werden und wie oft Menschen Sätze sprechen, die keinen wirklichen Inhalt haben. Gerade bei offiziellen Businessansprachen und bei Reden von Politikern ist das oft der Fall. Und Sie können es sich erlauben das zu trainieren, damit Sie es dort gezielt bewusst einsetzen können, wo es hilfreich ist, um Verhandlungen weiter zu bringen oder um bessere Resultate zu erzielen.

Milton-Modell 3: eingebettete Aufforderungen

Eingebettete Aufforderungen werden im Milton-Modell analog markiert, d.h. sie werden verdeckt durch eine andere Sprechrichtung, Lautstärke oder Betonung von den anderen Satzteilen unterschieden.

Beispiel Business: *Ich würde nicht sagen: „Ändern Sie Ihre Einstellung", weil ich weiß, dass mir das nicht zusteht und ich frage mich, wie „tragen Sie zu einer gemeinsamen Lösung bei", wenn Sie das völlig alleine entscheiden wollen und vielleicht kennen Sie das, dass manche völlig ungerechtfertig sagen: „Sie sind schuld wenn dabei wieder nichts raus kommt", obwohl das nun wirklich nicht stimmt.*

Beispiel Trance: *Ich würde nicht sagen: „Gehen Sie jetzt in eine tiefe Trance", weil ich weiß, dass jeder seinen eigenen Weg hat und ich frage mich, wie „entspannen Sie sich jetzt hier" bei meinen Worten und vielleicht kennen Sie das, wenn Sie im Fahrstuhl „tiefer und tiefer" fahren und Ihre Gedanken angenehm abschweifen.*

#42

Beispiel Onkel John: *Mein Onkel John sagte immer zu mir: „Strenge dich an und lerne fleißig" und wusste, dass er das selbst so mit großem Erfolg gemacht hat. Meine Tante Emma sagt allerdings nie: „Du musst das unbedingt ganz regelmäßig machen", weil sie wusste wie sehr ich meine Freiheit liebte.*

TimeLine erforschen und verändern

Es gibt 3 klassische TimeLine Arten: bei Throughtime liegen Vergangenheit, Gegenwart und Zukunft vor einem, bei In-Time liegt Vergangenheit hinter einem, Gegenwart geht durch den Körper und die Zukunft liegt vor einem, bei BetweenTime liegt die Gegenwart im Körper und Vergangenheit und Zukunft vor ihm.

Schrittfolge:

1. Erinnern Sie sich an ein heutiges Ereignis. Wenn diese Erinnerung einen Platz im Raum hätte, wo würde der sein?
2. Machen Sie dasselbe mit einem Ereignis „von gestern", „vor einer Woche", „ einem Monat", „einem Jahr".
3. Machen Sie dasselbe mit einem Ereignis „von morgen", „in einer Woche", „ einem Monat, einem Jahr".
4. Erleben Sie die Gegenwart jetzt. Ist sie in Ihrem Körper oder vor Ihrem Körper?

#43

5. Experimentieren Sie mit den beiden TimeLines d e nicht Ihre waren. Trainieren Sie Ihre Flexibilität. Mit ThroughTime können Sie Zeit besser organisieren und Ressourcen der Vergangenheit besser nutzen. M t In-Time erleben Sie die Gegenwart intensiver und haben einen intensiven Kontakt zu anderen Menschen

Boden-Timeline für gute Erfahrungen

Diese Intervention macht Sie vertraut mit der Arbeit auf der TimeLine und intensiviert gute Erfahrungen.

Schrittfolge:

1. Bestimmen Sie einen Ort für die Gegenwart und - entsprechend Ihrer inneren Zeitvorstellung - die Vergangenheit und die Zukunft.
2. Verbinden Sie diese Orte auf dem Boden mit einer Schnur. Markieren Sie die Orte mit Zetteln.
3. Wählen Sie ein Thema, das Sie erkunden möchten, z. B.: Urlaube, Geburtstage, Freude, Anerkennung, ... Wählen Sie ein Thema, das für gute Erfahrungen steht.
4. **Assoziierte Erkundung:** bewegen Sie sich auf der Zeitlinie von der Gegenwart aus mit kleinen Schritten rückwärts. Bleiben Sie stehen, wenn ein relevantes Ereignis oder ein besonderes Gefühl zu Ihrem Thema auftaucht. Erkunden Sie diese Erfahrungen mit VAK.
5. **Dissoziierte Erkundung:** bewegen Sie sich neben der Zeitlinie in kleinen Schritten rückwärts. Sobald ein Ereignis zu Ihrem Thema auftaucht, schauen Sie es sich wie einen Film an. Achten Sie auf die Submodalitäten der Bilder und Geräusche.

6. **Wechselseitige Erkundung:** Bei kritischen Ereignissen können Sie die Zeitlinie verlassen, indem Sie auf eine Metaposition gehen und dann wieder auf die Zeit vor dem kritischen Ereignis zurückkehren.

Schätze aus der Vergangenheit für ein Ziel

Diese Intervention ist gut geeignet, um Ressourcen für ein Ziel zu aktivieren.

Schrittfolge:

1. Legen Sie Ihre TimeLine (#43) mit einem Wollfaden auf dem Boden aus und bestimmen Sie dort Gegenwart, Vergangenheit und Zukunft.
2. Wählen Sie ein Ziel, für das Sie sich stärken möchten. Positionieren Sie das Ziel auf der TimeLine in der Zukunft. Stellen Sie sich auf die Gegenwart. Sehen Sie sich selbst (dissoziiert) im Ziel.
3. Schauen Sie auf die Vergangenheit und bitten Sie Ihr Unbewusstes, dass Sie sich an Fähigkeiten erinnern, die Ihr Ziel stärken.
4. Schreiten Sie auf der TimeLine in die Vergangenheit. Sie werden immer jünger. Sammeln Sie 3 schöne Erfahrungen die zur Stärkung Ihres Ziels beitragen. Halten Sie bei jeder Erfahrung inne.
5. Verstärken Sie auf dem Ort der ersten schönen Erfahrung diese mit VAK (#13) und einer dazugehörigen Geste. Drehen Sie sich in Richtung

Gegenwart. Gehen Sie durch alle schönen Erinnerungen und verbinden Sie sie mit der Geste. Gehen Sie mit der Geste bis zum Ziel. Genießen Sie dort ihren Zustand und die Fülle Ihrer Schätze.

6. Gehen Sie zurück auf die Gegenwart und sehen Sie sich in dieser neuen Qualität in Ihrem Ziel.

Disney-Strategie

Robert Dilts hat Walt Disney modelliert und daraus diese NLP-Intervention entwickelt. Sie dient der Projektplanung.

Schrittfolge:

1. Bitten Sie Ihren Klienten im Raum folgende 4 Zettel auszulegen: „Metaraum" von wo aus er von außen auf alles schauen kann, „Träumer" als Ort zum kreativen träumen, „Handelnder" als Ort wo er aktiv Schritt für Schritt darüber nachdenken kann, wie man etwas umsetzt, „Kritiker" als Ort wo er alles kritisch überprüfen kann.
2. Bitten Sie ihn auf jeden dieser 4 Plätze zu gehen und entsprechende Erfahrungen zu erzählen.
3. Betrachten Sie mit ihm die Anordnung der Orte zueinander und reflektieren Sie, was diese Art der Anordnung bedeutet: Wer schaut zu wem? Wer liegt näher bei wem? ...
4. Erlauben Sie Ihrem Klient spontanen Impulsen, die Anordnung zu verändern, zu folgen.

5. Erst jetzt kommt das konkrete Projekt zum Zuge und wird in allen Positionen bearbeit: Zuerst vom Träumer dann zum Handelnden (Weiß er was zu tun ist, um den Traum zu verwirklichen?), dann zum Kritiker (Worauf ist aus Erfahrung zu achten?).
6. Wenn der Handelnde nicht weiß „wie er etwas umsetzen soll", bittet er den Träumer vom „wie" zu träumen. Wenn der Kritiker Anregungen hat, wird der Träumer eingeladen diese bei seinen Träumen zu berücksichtigen. Machen Sie das solange, bis Ihr Klient im Metaraum mit allem zufrieden ist.
7. Zum Schluss lassen Sie Ihren Klienten in mehreren Runden vom Träumer zum Handelnden zum Kritiker zum Träumer usw. fließend übergehen und ihn beim Laufen von seinem Projekt erzählen.

Eye Movement Integration

Bei dieser NLP-Intervention wird ein Problemzustand mit Ressourceimpulsen durch Stimulation des Gehirns über fließende Augenbewegungen verschmolzen. Dabei unterstützt der Ressourcezustand die Lösung des Problems. Statt ein Problem zu lösen können Sie auch eine Ressource vertiefen.

Schrittfolge:

1. Testen Sie zuerst die beste Entfernung bei zügigen Hin- und Herbewegungen Ihrer Hand vor den Augen Ihres Klienten.
2. Bitten Sie Ihren Klienten über das Problem zu reden, das er gerne lösen möchte und es auf einer Skala von 1-10 einzuordnen.
3. Lassen Sie ihn 2-5 Minuten weiter davon erzählen und bewegen Sie dabei zügig Ihre Hand vor seinen Augen, wobei Ihr Klient mit den Augen Ihrer Hand folgen soll.
4. Sobald Ihnen Ihre Hand weh tut oder Ihr Klient Metaphern nutzt, können Sie mit Ihrer Hand nach oben gehen und dann mit einer Handbewegung vor seinen

Augen nach unten ihn bitten die Augen zu schließen und nach innen zu gehen und dort zu erforschen was er in seinem Körper wahrnimmt. Bewährt hat sich auch den Klienten zu fragen was für ein Raum dahinter liegt und ihn diesen Raum erforschen zu lassen.

5. Wiederholen Sie 3. und 4. mehrfach, bis Sie eine Gelöstheit bei Ihrem Klienten wahrnehmen können. Bitten Sie ihn immer wieder auf der Skala von 1-10 einzuordnen, wie es ihm geht.

Die besten Momente im Leben modellieren

Modellieren wird oft so verstanden, dass man exzellente Verhaltensweisen anderer Menschen modelliert. Es kann auch bedeuten, dass man die glücklichsten Momente seines eigenen Lebens danach untersucht, wie man damals gedacht hat, welchen Kontakt man zu sich selbst hatte und was man dafür tun kann, die Wahrscheinlichkeit zu erhöhen, dass solche Momente das eigene Leben intensiv bereichern. Damit wird Modellieren zur Selbstverwirklichung.

Schrittfolge:

1. Welche Ihnen bekannten inneren Zustände möchten Sie gerne verstärkt in Ihrem Leben einladen? Achten Sie bei der Beschreibung auf SMART (#18), Werte, Überzeugungen, mentale innere Zustände, ...
2. Nutzen Sie zur Erforschung Ihr NLP-Wissen: 1.2.3. Position (lassen Sie ihr jetziges Selbst, = 1. Position, mit ihren früheren Selbst, = 2. Position, reden) (#17), Logische Ebenen (#20), Submodalitätentransfer (#31), TimeLine (#43-45), Disney-Strategie (#46), Eye-Movement-Integration (#47),...

3. Nutzen Sie zur Intensivierung und Umsetzung Chunking (#19) und New Behavior Generator (#21).

Die auf den NLP-Practitioner aufbauende Ausbildung zum NLP-Master enthält viele NLP-Interventionen zur Veränderung und Überwindung tief sitzender Überzeugungen, Werten und Wahrnehmungsfilter, die dieser Art der Selbstverwirklichung im Weg stehen.

Metaphern-Interventionen

Die folgenden Metaphern-Interventionen sind auf den ersten Blick sehr lustig und gleichzeitig sehr tiefgreifende Interventionen.

Schrittfolge Märchenmetapher
(auch für Gruppen als Impro-Theater geeignet.)

1. Lassen Sie sich assoziativ mehrere Märchen zu einem Gefühl, einem Verhalten oder einer Situation einfallen, die Sie verändern möchten.
2. Wählen Sie davon ein Märchen und darin eine bestimmte Sequenz aus.
3. Wählen Sie für sich assoziativ eine beliebige Märchengestalt aus.
4. Stellen Sie sich vor, wie vom Ausgangspunkt der gewählten Sequenz (2.) zusammen mit der Märchengestalt (3.) sich das Märchen jetzt ganz frei spontan entwickelt.
5. Lassen Sie jetzt in dieser Geschichte eine Problemeskalation entstehen.
6. Lassen Sie jetzt in dieser Geschichte eine Lösung entstehen.

7. Übersetzen Sie alles zurück auf das ursprüngliche Gefühl, Verhalten oder die Situation. Was könnte es dort für Sie bedeuten?

Schrittfolge Verhandlungsmetapher

1. Stellen Sie sich spontan 2 Dinge vor: 2 Gegenstände, 2 Tiere, ...
2. Geben Sie beiden eine Stimme und lassen Sie sie eine Weile ein Gespräch führen.
3. Worum ging es dabei: um Harmonie, Konflikt, Spiel, Gerechtigkeit, ...?
4. Was sagt das über Ihr Leben aus?
5. Alle NLP-Interventionen können zur Weiterbearbeitung genutzt werden – Visual Squash (#27) bietet sich besonders an.

Metapherngeschichten

Eine Metapherngeschichte ist vielseitig nutzbar, z. B. auch als eine Form der Prüfung wie gut jemand die NLP-Inhalte verstanden hat, indem jeder eine Metapherngeschichte für einen anderen schreibt.

Schrittfolge:

1. Fragen Sie ihr Gegenüber, für das Sie eine Metapherngeschichte schreiben möchten, was ihm ganz spontan zu folgenden Fragen einfällt: „Wenn dein Leben vor der NLP-Ausbildung eine Landschaft wäre, eine Märchengestalt, ein Wetter, eine Musik, eine Bewegung, ein Tier, ...?" Schreiben Sie seine Antworten auf.
2. Machen Sie das gleiche mit der Frage: „Wenn dein Leben während dieser NLP-Ausbildung ..."
3. Machen Sie das gleiche mit der Frage: „Wenn dein Leben nach dieser NLP-Ausbildung ..."
4. Schreiben Sie mit diesen „Metaphern" eine Geschichte, die sich z. B. durch 3 Landschaften bewegt, bei der drei Märchengestalten auftauchen, ...
5. Lassen Sie in dieser Geschichte ein Drama und eine Lösung entwickeln.

6. Integrieren Sie die Grundideen von mindestens drei NLP-Interventionen, z. B. durch: „und dann ließ er sich von diesem Gefühl zurückziehen und erinnerte sich an ... (#28)" oder: „da verstand er die positive Absicht ... (#30)" oder: „plötzlich flog ein Schmetterling vor seinen Augen hin und her ... (#47)"
7. Integrieren Sie Milton-Modell-Botschaften (#42), z. B. durch: „da sagte der Schmetterling zur Blume: »*"DU BIST SO WUNDERBAR."*«
8. Geben Sie der Geschichte einen schönen Titel und lesen Sie sie allen vor.

Statt der NLP-Ausbildung kann man z. B. auch wählen: vor einem Symptom, während man an einem Symptom leidet und nach der Heilung.

Dieses Sofortwissen-Buch ist hervorragend geeignet zum Kennenlernen des Potentials von NLP, zur Begleitung von NLP-Ausbildungen und zum Wiederholen.

- 15 NLP-Grundideen
- 10 NLP-Fertigkeiten
- 34 NLP-Interventionen

Kurz: Es enthält das Beste aus der Ausbildung zum „NLP-Practitioner" zusammengefasst.

9 783942 805971 >

Heragon Verlag GmbH
ISBN 978-3-942805-97-1
6,80 € [D]